Pauet quiere un violonchelo
Carmen Leonor Rivera-Lassén

ISBN: 0-8477-1555-8

Ilustraciones: Mrinali Álvarez Astacio
Diseño: Víctor Maldonado / Somos La Pera, Inc.
Impreso por Imprelibros S.A.
Impreso en Colombia - Printed in Colombia

LA EDITORIAL
UNIVERSIDAD DE PUERTO RICO
Apartado 23322 San Juan, Puerto Rico 00931-3322
www.laeditorial.com

Carmen Leonor Rivera-Lassén
Mrinali Álvarez Astacio

Pauet
quiere un violonchelo

" *El silencio es el nido y la música es el pájaro*"

–Sri Chinmoy

"*Veo en la melodía de la naturaleza, a Dios*"

–Pau Casals

PRÓLOGO

Este texto nos lleva por la feliz infancia de un niño, que como pocos tuvo la dicha de vivir para la música. Pauet disfrutó de sus pequeños instrumentos, en medio de la silenciosa música de la naturaleza, las olas del mar y los pájaros, que le acompañaron por el resto de su vida. Las autoras de este libro han logrado captar el alma musical de un niño que liberó sus ilusiones a través de las notas musicales. La historia aquí desplegada es un regreso a los valores básicos de la vida y el arte, elementos que combinan la alegría de vivir y la alegría de amar, nuestros logros más codiciados.

A Pauet la vida le llevó a ser ejemplo para niños y adultos; sus esfuerzos encontraron una feliz página musical donde han quedado escritas sus aventuras infantiles, que le acompañaron para siempre.

La música de Pauet sigue sonando a través del violonchelo, su mejor y más adorable amigo.

Cada vez que naveguen por esta historia, tendrán la sensación de ir encontrando las olas sonoras que guian nuestros destinos. La verdad encerrada en estas páginas lleva un mensaje liberador y de paz, aquel que Pauet llegó a expresar finalmente desde la tierra de su madre, Puerto Rico.

José Delannoy
Curador, Museo Pablo Casals
San Juan, Puerto Rico

-Pauet, asómate a la ventana que la Teresa canta- le dijo la madre al pequeño una mañana en el pueblito de El Vendrell en Cataluña.

El niño se levantó, agarró su flautín y se acercó a oír a la vecina que cada vez que limpiaba practicaba alguna canción de arte.

Se oía como los pájaros de
los campos y las notas que su
padre le sacaba al órgano de la
iglesia de Santa Ana.

Pauet comenzaba el día con la lección de piano cuando acompañaba al papá a la iglesia.

-Coloca los dedos sobre las teclas para que encuentres las notas-, decía papá Carles. Pauet sentía entonces en sus dedos la magia de las teclas blancas y negras.

Mientras el padre tocaba, las notas se fugaban, pasaban por la nave central y buscaban el mar de San Salvador. Pauet recostaba la cabecita del piano para atrapar las notas antes de que se escaparan en el pico de los pájaros hacia la tierra donde había nacido mamá Pilar.

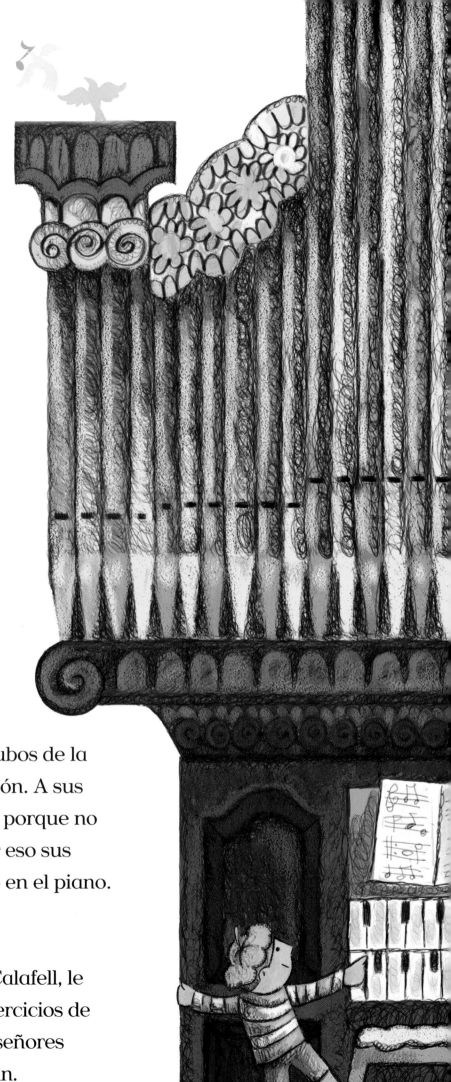

El órgano de grandes tubos de la iglesia le llamaba la atención. A sus seis años no lo podía tocar porque no alcanzaba los pedales. Por eso sus manos buscaban consuelo en el piano.

Tras ir a la escuela de Calafell, le aguardaban en casa los ejercicios de piano en compañía de los señores Beethoven, Mozart y Chopin.

Para la fiesta de la patrona del pueblo, la Virgen Negra, su Moreneta de Monserrat, Pauet se unió al coro de la iglesia. Era el segundo soprano.

De su garganta salían cantos de gran espiritualidad como los gregorianos que le oía practicar a su padre.

Éste fue su primer trabajo y cada vez que cantaba, se ganaba 85 céntimos.

Por un tiempo el piccolo fue
su pasión. Aquel flautín que
encontró en el estudio de su
padre le robó el corazón.

No sabía cómo tocarlo,
pero practicó y practicó, y en
pocos días de cada uno de los
agujeros la música brotó.

El padre se oponía a que Pauet tocara el flautín, pues la fuerza de producir viento, le causaba daño.

Una y otra vez papá Carles se lo escondía y en cada escondite el niño lo encontraba.

El día que tocó sin permiso
en la procesión del santo, por el
esfuerzo cayó desmayado.

El padre asustado lo regañó y
la carrera del flautista y la flauta
llegaron a su fin.

El violín llegó a las manos de Pauet
al cumplir los siete años. Papá Carles
le enseñaba, mientras mamá Pilar se
emocionaba al oírlo practicar un aire
con variaciones del francés Dancla.

La emoción de tocar los instrumentos
era grande, pero mayor era la de
escribir música para ellos.

Así empezó a componer. Con la pluma
que le regaló un pájaro escribió su primera
pieza, una mazurca.

La alegría fue mayor cuando por ello su
padrino Salvador le regaló diez reales y un
plato de higos secos.

Escribió con su padre la música para
la fiesta de Navidad. En el Vendrell, los
pastorcillos de Belén le cantaban como
pájaros al misterio del nacimiento
del Niño Dios.

Una tarde de verano llegaron Los Tres Bemoles al pueblo. Eran payasos músicos. Los ojos de Pauet se posaron en el payaso que tocaba una cuerda larga atada a un palo doblado.

A la mañana siguiente, en cuanto salieron los rayos del sol y durante todo el día, le describió muy emocionado aquel instrumento a su papá.

Días después, el
barbero Peret y papá
Carles le hicieron el
mejor de los regalos,
su primer violonchelo,
hecho de un calabacín.

La caja de resonancia
era el mismo vegetal,
y atada a él había
una cuerda.

Pauet practicó
algunas escalas y
luego tocó la "Serenata"
de Schubert.

Con aquel maravilloso
calabacín aprendió a
tocar las canciones que
su padre componía y las
dulces canciones de los
campesinos que hablaban
de cientos de pájaros.

Una noche, en la
víspera del Día de
Todos los Santos,
mientras los pájaros
dormían tocó entre las
ruinas del Monasterio
de Santa Creus.

Los pájaros y
toda la naturaleza
que le rodeaba, se
despertaron para ser
su público.

Le gustó tanto
que volvió, a la luz
de muchas lunas, a
tocar por aquellos
pasillos destruidos.

Las tristezas que Pauet pudo
haber tenido hasta los diez años
se le olvidaron con la llegada de
un trío de música de cámara al
Centro Católico de El Vendrell.

Por primera vez oyó el sonido
de un verdadero violonchelo. Los
primeros sonidos se unieron a los
suspiros de Pauet. Fue amor lo
que sintió.

Papá, ése es el instrumento
que verdaderamente me gustaría
tocar. Quiero un violonchelo.

Tan enamorado quedó, que por
días tomó la lección de música con
el violín entre las rodillas.

Entonces papá Carles no tuvo
más remedio que regalarle un
violonchelo pequeño.

Así comenzaron
los encuentros musicales
entre Pauet y el violonchelo.

Aunque papá Carles le había enseñado
música, quería que Pauet fuera carpintero.
De la mano de mamá Pilar y ante la mirada
triste del papá, una tarde de verano de 1888,
el niño de 12 años se montó en un tren.

Iba para la Escuela Municipal de
Música de Barcelona a aprender más del
instrumento que había escogido.

Desde ese día Pauet soñó con tocar en
tierras lejanas y que su música volara como
el canto de los pájaros.

De Pauet a Pau Casals

Pau Carlos Salvador Casals Defilló nació el 29 de diciembre de 1876 en el pueblo de El Vendrell en Cataluña, España. Su padre fue Carles Casals quien era maestro organista y director del coro de la iglesia Santa Ana. Su madre, doña Pilar Defilló y Amiguet, nacida en Mayagüez, Puerto Rico, fue a vivir a España desde su adolescencia.

El pueblo de El Vendrell queda cerca del mar de San Salvador, en la costa sureste de España. La familia Casals pasaba los veranos allí. Doña Pilar al mirar el mar le hacia cuentos a Pauet sobre las playas de Puerto Rico.

Pauet tomó clases de música desde temprano.Cantó en el coro de Santa Ana. Así desarrolló su devoción por la Virgen de Montserrat, la Virgen Negra o la Moreneta.

Empezó a componer a los siete años. Lo hacía tan bien que llegó a componer música junto a su padre para las fiestas del pueblo.

Un regalo especial que recibió Pauet fue un violonchelo hecho de un calabacín. Con el instrumento de una cuerda tocaba música de compositores como Charles Dancla.

Sus primeros estudios formales de violonchelo los hizo a los 12 años en la Escuela Municipal de Música de Barcelona.

Muchos años después Pauet se convirtió en el maestro Pau Casals.

Su método de tocar el violonchelo revolucionó el mundo musical.

A principios de siglo veinte una guerra lo separó de su país y lo llevó a vivir a distintos lugares, desde Francia hasta Puerto Rico.

Acompañado de su música se quedó en Puerto Rico con su esposa Marta Montañez. Fundó en 1956 un festival como lo había hecho en Prades, Francia. Organizó una orquesta sinfónica para que tocara en el festival. Luego fundó el Conservatorio de Música de Puerto Rico para que los jóvenes se educaran, con los mejores maestros de música.

Durante toda su vida Pau Casals buscó la paz. Por eso en 1971, la Organización de las Naciones Unidas lo invitó a componer un himno en honor de la paz mundial.

Pau Casals tocó para reyes, presidentes, niños y niñas, pobres y ricos por todo el mundo. Recibió muchos homenajes pero ninguno fue mayor que poder caminar cada mañana por la orilla del mar , el que vio nacer a su madre Pilar. Por aquel mismo mar, un día en 1973, se fue poco antes de cumplir 97 años. Sus restos hoy descansan en su tierra catalana.

Casals interpretaba el villancico popular "El cant dels ocells" o "Canto de los pájaros". Ese canto se convirtió en la pieza obligada para cerrar cada presentación de Pau alrededor del mundo.

EL CANT DELS OCELLS

EL CANTO DE LOS PAJAROS

El veure despuntar el major lluminar
en la nit més ditxosa,
Els ocells cantant a festejarlo van
amb sa veu melindrosa.
L'ocell rei de l'espai
va pels aires volant
cantant amb melodia, dient:
Jesus es nat per treurens del pecat
i darnos alegría.

Al despuntar el día más luminoso,
en la noche más dichosa,
Los pájaros, cantando a festejarlo van
con sus dulces voces.
El pájaro rey del espacio
volando va por los aires
cantando con armonía, diciendo:
Ha nacido Jesús para salvarnos del pecado
y traernos alegría.

Colección
Nueve Pececitos

TÍTULOS PUBLICADOS:

SERIE RAÍCES:
Las artesanías
Los Tres Reyes (a caballo)
Grano a grano

SERIE CANTOS Y JUEGOS:
¡Vamos a jugar!
Pon, pon...¡A jugar con el bebé!

SERIE ILUSTRES:
Pauet quiere un violonchelo

LA COLECCIÓN NUEVE PECECITOS

Libros para niños de edad preescolar hasta el tercer grado, para leerlos con los familiares, con los maestros en la biblioteca o en el salón de clase, como lectura suplementaria, y para niños que ya dominan la lectura.

SERIE CANTOS Y JUEGOS	SERIE RAÍCES	SERIE ILUSTRES	SERIE IGUALITOS	SERIE MITITOS
Elementos de la tradición puertorriqueña resurgen a través de libros de nanas, canciones y juegos infantiles.	Las raíces culturales que conforman al puertorriqueño son la base temática de estos textos. Estos libros abren las puertas al mundo de nuestras tradiciones.	Cuentos infantiles basados en la vida y obra de personajes que han tenido una presencia particular en nuestra historia. Hombres y mujeres cuyo legado debe ser conocido por las nuevas generaciones.	Se explora cómo debemos incluir a todos los niños y niñas en las actividades diarias y en el salón de clase, sin importar que luzcan de manera diferente o tengan algún impedimento físico.	La fantasía y la realidad parecen fusionarse para presentar los relatos con que nuestros antepasados explicaban los misterios del universo.